DIE BUCKET LIST
für Freunde

Die

BUCKET LIST

— FÜR —

FREUNDE

die man ZUSAMMEN erlebt haben muss

ELISE DE RIJCK

PLAZA

ICH BIN ELISE, ANGENEHM *SHAKE HANDS*!
2015 HABE ICH MEIN ERSTES BUCH GESCHRIEBEN. DIE BUCKET LIST HAT SICH SCHNELL
ZU EINEM BESTSELLER ENTWICKELT, SODASS EIN NACHFOLGER NICHT LANGE AUF SICH
WARTEN LASSEN DURFTE. WEIL ZU ZWEIT ALLES SCHÖNER IST — AUSSER VIELLEICHT
DER GANG ZUR TOILETTE — FOLGT JETZT EIN BAND, DEN IHR MIT JEMANDEM TEILEN
KÖNNT, DEN IHR LIEBT. DIE ÜBRIGEN BÜCHER FINDET IHR UNTER WWW.ELISEDERIJCK.COM
ODER FOLGT MIR AUF INSTAGRAM ODER FACEBOOK UNTER @ABUCKETLISTLIFE.
ICH HOFFE, DASS IHR MIT DIESEM BUCH GENAUSO VIEL SPASS HABEN WERDET
WIE ICH BEIM SCHREIBEN.

Dieses Buch soll euer Leben verändern. Echt wahr! Keine Panik, ihr sollt nicht mit philosophischen Lebensfragen überschüttet werden. Aber durch dieses Buch lernt ihr euch noch besser kennen und es lässt euch spannende Abenteuer erleben. Mit ein bisschen Glück werdet ihr euch eurer Träume bewusst.

Zugegeben, das stimmt nicht ganz. Die einzigen Personen, die eure Träume erfüllen können, seid ihr selbst. Aber das Buch kann euch einen kleinen Schubs geben. Wir haben alle Träume, die sich wegen unseres hektischen Alltags noch nicht erfüllt haben. Dinge, die wir auf später verschieben, weil wir jetzt keine Zeit dafür haben. Aber wann ist später? (Uups, philosophische Lebensfrage!) Streichen wir „irgendwann", „später" und „dann" aus unserem Wortschatz und leben wir im Jetzt. Mit 250 Ideen, die euer Leben bereichern und eure Freundschaft noch enger machen sollen, hilft euch dieses Buch auf den Weg.

Ich beneide euch um all die Dinge, die ihr tun werdet, egal, ob für eure Freundschaft oder für euer Leben. Es gibt keine Spielregeln und kein Zeitlimit. Dieses Buch solltet ihr euer ganzes Leben lang aufbewahren.

Hinten ist Platz für eure persönlichen Ziele und um euren Lebenstraum zu entwerfen. Ihr findet dort auch 5 Tipps, die euch helfen sollen, eine perfekte Bucket List aufzustellen.

Seid ihr bereit für neue Abenteuer? Auf die Plätze, fertig, los!

Teilt eure Erfahrungen via Instagram, Facebook oder Twitter unter #abucketlistlife, sodass ihr andere Menschen inspirieren könnt, auch ihre Träume zu verwirklichen.

stop dreaming, start doing!

LET'S HAVE SOME FUN

Dieses Buch gehört

&

_____

Ein unglaublich schönes und lustiges Duo seit

___ / ___ / ___

Das ist unser schönstes gemeinsames Foto

Das ist unser lustigstes gemeinsames Foto

Zwei Seiten

☐ ES WAR FREUNDSCHAFT AUF DEN ERSTEN BLICK
☐ UNSERE FREUNDSCHAFT KAM GANZ ALLMÄHLICH ZUSTANDE

SO HABEN WIR UNS KENNENGELERNT:

HIER AN DIESEM ORT:

DIESES BEKANNTE DUO MÖGEN WIR AM LIEBSTEN:

DAS MACHEN WIR AM LIEBSTEN ZUSAMMEN:

DAS GAR NICHT:

DAS FINDE ICH AM BESTEN AN DIR:

über uns!

UND DAS FINDE ICH AM BESTEN AN DIR:

_____

WENN DU DAS MACHST, IST UNSERE FREUNDSCHAFT VORBEI:

_____

UND WENN DU DAS MACHST, AUCH:

_____

ICH FINDE DICH AM LUSTIGSTEN, WENN DU:

_____

UND DU BIST AM LUSTIGSTEN, WENN DU:

_____

DAS IST DAS SCHÖNSTE GESCHENK, DAS ICH VON DIR BEKOMMEN HABE:

_____

UND DAS IST DAS SCHÖNSTE GESCHENK, DAS DU MIR GEMACHT HAST:

_____

DIESE PIZZA TEILEN WIR AM LIEBSTEN:

_____

Teilen? Ist das ein Scherz?

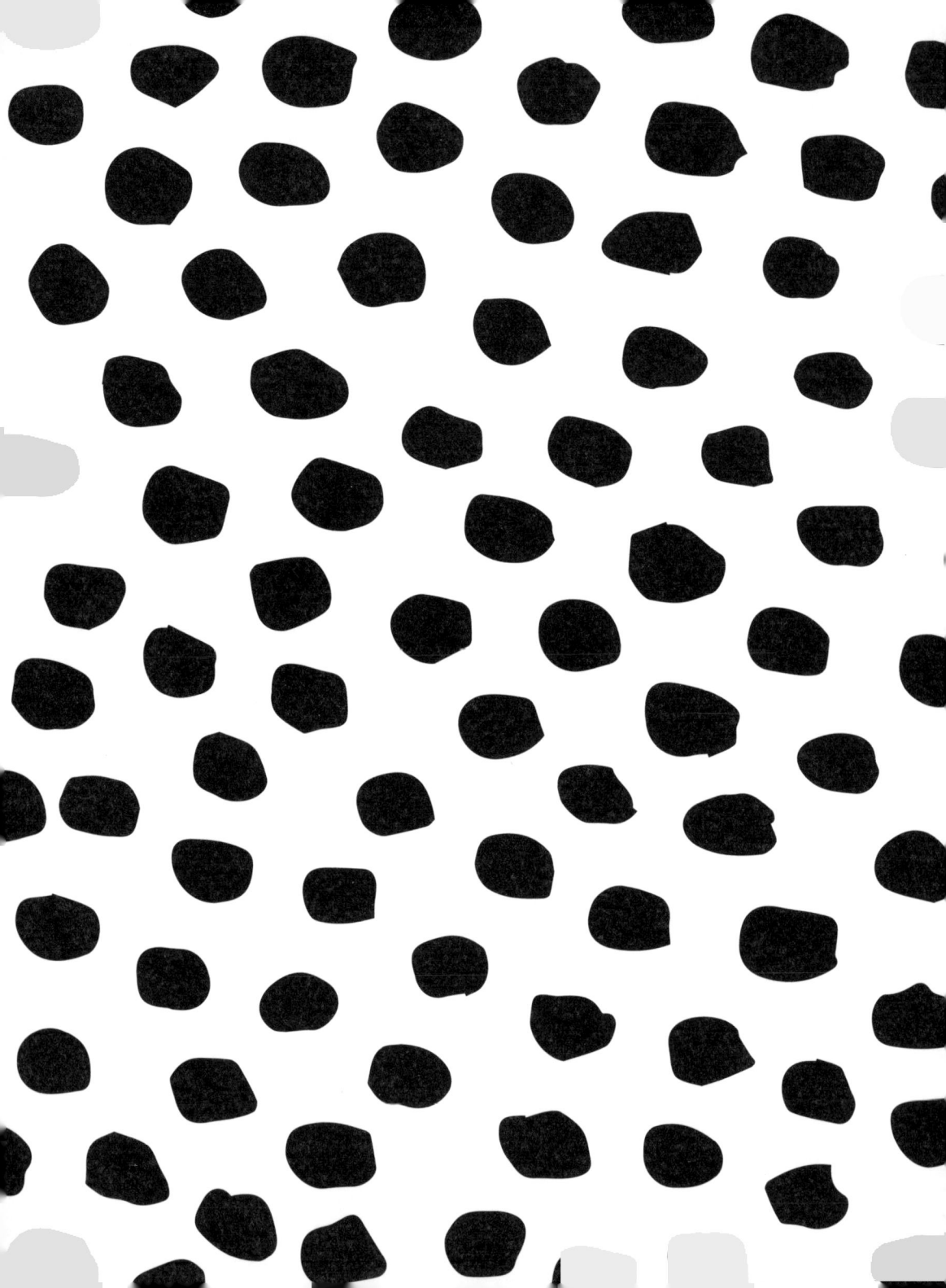

TRY NEW THINGS
OFTEN.

1. ☑ EINE BUCKET LIST SCHREIBEN.
GLÜCKWUNSCH, DER ERSTE PUNKT IST ABGEHAKT. WEITER SO!

2. ☐ Federball spielen mitten in einem Einkaufszentrum.

3. ☐ Einander Spitznamen geben.
Wir nennen uns
_____ und _____

4. ☐ Eine Flasche Champagner bei einer Champagnerdusche leeren.
PARTY!

5. ☐ EINEN WERBESPOT ÜBEREINANDER DREHEN.

SETZT EURE GUTEN EIGENSCHAFTEN IN SZENE.

_____ IST GESCHICKT IN: _____

UND IST ZU KAUFEN IN DIESEM GESCHÄFT: _____

PREIS: _____ _____

IST GESCHICKT IN: _____

UND ZU KAUFEN IN DIESEM GESCHÄFT: _____

PREIS: _____

6. ☐ Rolltreppen-Rennen. Wer läuft am schnellsten die abwärts fahrende Rolltreppe hinauf?

7. ☐ Ein Popcorn-Bad nehmen. Herrlich!

8. ☐ HUMAN SNOWBALL!

Rollt euch im Schnee

9. ☐ Nicht übereinander tratschen. #pinkyswear

10. ☐ Zusammen einen Scherzanruf bei einer
Freundin machen.

11. ☐ Zusammen wohnen

12. ☐ Freundschaftsbändchen knoten.

13. ☐ Auf ein Doppeldate gehen.

14. ☐ Einander zeichnen. PROBIERT, EINANDER ZU SCHMEICHELN

Hm, woror, sicher?

15. ☐ DEN JAHRESTAG EURER FREUNDSCHAFT ZU EINEM FEIERTAG ERKLÄREN.
WIR LERNTEN EINANDER KENNEN AM ____ /___ /___ UND DAS WIRD UNSERE
JÄHRLICHE TRADITION: _____

_____

_____

_____.

16. ☐ Unsere Kinder Freunde
werden lassen.

17. ☐ DREI WORTE: LIP SYNC BATTLE!

18. ☐ Einen Tag wie in einem Musical leben.
Sprechen ist verboten!

19. ☐ Hunger? Esst was Leckeres!
UND DAS IST DER HAKEN AN DER SACHE: WERFT EUCH MIT EINEM ABSTAND VON MINDESTENS 50 ZENTIMETERN GEGENSEITIG DAS ESSEN IN DEN MUND. GUTEN APPETIT!

20. ☐ connect the dots!
Aber mit Sommersprossen.
Nehmt einen hautverträglichen Stift.

life is a song.
SING IT!

21. ☐ Posiert für ein Foto mit einem Promi.

Sorgt dafür, dass das Buch auch auf dem Foto ist.

22. ☐ PARTNERLOOK TRAGEN.

23. ☐ EINANDER GEGENSEITIG PICKEL
AUSDRÜCKEN. #FRIEDSHIPGOALS

24. ☐ Wer kann am längsten ein Ei
auf dem Kopf balancieren?

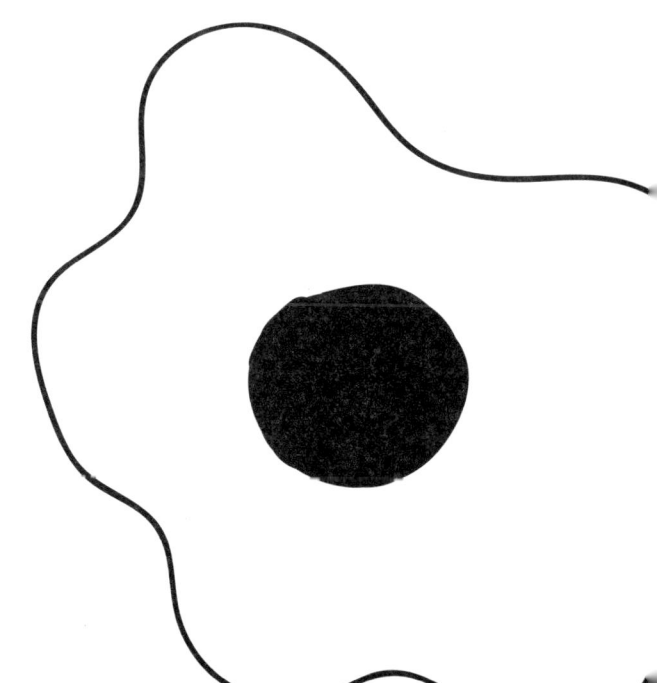

25. ☐ Jeweils die Eltern des anderen übers Wochenende adoptieren.

26. ☐ EINEN HANDSHAKE AUSDENKEN UND IN PASSENDEN UND UNPASSENDEN MOMENTEN EINSETZEN.

27. ☐ Zusammen in den Urlaub fahren nach _____

28. ☐ Eine/n neue/n gemeinsame/n Freund/in finden.

29. ☐ Ein Eis mit 3 Kugeln essen — in der Sauna.

30. ☐ ZUSAMMEN IM WALD WANDERN GEHEN.
Jemand muss natürlich an die Leine!

31. ☐ Ein Teekränzchen/Bierfest organisieren mit mindestens 33 Kuscheltieren als Gäste.

32. ☐ Vorne sitzen in der Achterbahn.

33. ☐ EIN GEHEIMES WORT AUSDENKEN, DESSEN BEDEUTUNG NUR IHR KENNT.

34. ☐ Wenn der eine das geheime Wort ausspricht, muss der andere tanzen. Wo immer ihr auch seid!

35. ☐ Bei der Hochzeit des anderen
dabei sein.

36. ☐ WER KANN AM LÄNGSTEN MIT DEM KOPF UNTER
WASSER BLEIBEN?

_____ IST INSGEHEIM EIN OKTOPUS.

37. ☐ An Karneval passende Kostüme tragen
☐ oder an Halloween.

- ein
- zwei
- drei
- fünf
- acht
- zehn
- fünfzehn
- zwanzig
- einundzwanzig
- fünfundzwanzig
- siebenunddreißig
- zweiundvierzig
- fünfzig
- dreiundfünfzig
- achtundsechzig
- siebzig
- fünfundsiebzig
- neunundneunzig
- hundert

Jahr(e) Freunde sein.

39. ☐ SIAMESISCHE ZWILLINGE SEIN.

2 LÖCHER IN EIN XXXL-T-SHIRT SCHNEIDEN. SCHLÜPFT REIN UND GEHT
SHOPPEN / IN DEN SPORTCLUB / IN DIE SCHULE / ZUR ARBEIT.

Das sieht kuschelig aus!

40. ☐ DEM BUCKET-LIST-BUCH HELFEN, DIE WELT ZU EROBERN.
NEHMT ES ÜBERALLHIN MIT.

41. ☐ Pantomime aufführen unter einer Überwachungskamera.

42. ☐ Ein Karaoke-Duett singen.
IF YOU WANNA BE MY LOVER YOU GOTTA GET WITH MY FRIENDS.

43. ☐ Eine Überraschungsparty für den anderen / die andere organisieren

44. ☐ LACHEN, BIS IHR ANFANGT ZU WEINEN.

45. Erraten, in wen ihr mal verknallt wart.

GEBT JEDEM/JEDER EX PUNKTE VON 1 BIS 5.
1 = WO WARST DU MIT DEINEN GEDANKEN?
5 = WARUM HAST DU IHN/SIE GEHEN LASSEN?

NAME

☐ _____
☐ _____
☐ _____
☐ _____
☐ _____
☐ _____
☐ _____
☐ _____
☐ _____
☐ _____
☐ _____
☐ _____
☐ _____
☐ _____
☐ _____

PUNKTE

✻ ✻ ✻ ✻ ✻
✻ ✻ ✻ ✻ ✻
✻ ✻ ✻ ✻ ✻
✻ ✻ ✻ ✻ ✻
✻ ✻ ✻ ✻ ✻
✻ ✻ ✻ ✻ ✻
✻ ✻ ✻ ✻ ✻
✻ ✻ ✻ ✻ ✻
✻ ✻ ✻ ✻ ✻
✻ ✻ ✻ ✻ ✻
✻ ✻ ✻ ✻ ✻
✻ ✻ ✻ ✻ ✻
✻ ✻ ✻ ✻ ✻
✻ ✻ ✻ ✻ ✻
✻ ✻ ✻ ✻ ✻

- ☐ ------------------
- ☐ ------------------
- ☐ ------------------
- ☐ ------------------
- ☐ ------------------
- ☐ ------------------
- ☐ ------------------
- ☐ ------------------
- ☐ ------------------
- ☐ ------------------
- ☐ ------------------
- ☐ ------------------
- ☐ ------------------
- ☐ ------------------
- ☐ ------------------
- ☐ ------------------
- ☐ ------------------
- ☐ ------------------
- ☐ ------------------
- ☐ ------------------

46. ☐ EIN ALTER EGO AUSDENKEN UND EINEN TAG LANG SO TUN, ALS WÄRT IHR JEMAND ANDERES.

47. ☐ Zusammen auf ein Musik-Festival gehen.

48. ☐ WER KANN MEHR POPCORN IN SEINEN MUND STOPFEN®

49. ☐ Euch als Superhelden verkleiden und Menschen im Supermarkt den Einkaufswagen schieben helf'en.

HAPPY
IS THE NEW RICH.

50. ☐ Die Klamotten des anderen tragen. Wenn auch nur kurz.

51. ☐ Einen Verein gründen mit uns als einzigen Mitgliedern.
Haltet ein wöchentliches Online- oder Offline-Clubtreffen ab,
um alle wichtigen Clubangelegenheiten zu besprechen.

52. ☐ WER TRAUT SICH, DAS PEINLICHSTE SELFIE ZU POSTEN?

_____

53. ☐ Einen ganzen Tag mit einem Akzent miteinander sprechen.
Aber mit anderen Leuten normal reden.

54. ☐ EINANDER DEN JUNGGESELLENABSCHIED ORGANISIEREN.

55. ☐ Campen.

56. ☐ EINANDER AM LAGERFEUER GEHEIMNISSE ERZÄHLEN.

57. ☐ IM AUTO LAUTHALS ZUR MUSIK AUS DEM RADIO MITSINGEN.

58. ☐ Shooting!

Besorgt witzige Foto-Props und macht zusammen lustige Selfies.
Klebt das Beste hier ein!

Denkt euch eine lustige Bildunterschrift aus.

59. ☐ Partnertattoos stechen lassen – oder aufkleben.

60. ☐

HAND IN HAND MIT ROLLSCHUHEN ÜBER EINE BRÜCKE FAHREN.
OHNE EUCH WAS ZU BRECHEN.

61. ☐ Eine Freundschaftszeremonie organisieren, bei der ihr euch ewige Freundschaft schwört.

Vergesst nicht, eure Familie und Freunde vorher rauszuwerfen.

62. ☐ EURE GEHEIMNISSE BEWAHREN.

63. ☐ Zusammen im Altersheim wohnen und an die Abenteuer denken, die ihr zusammen erlebt habt.

64. ☐ PICKNICKEN.
IN EINEM AUFZUG EINES GROSSEN GEBÄUDES.
BIETET MITFAHRERN EIN HÄPPCHEN AN.

65. ☐ Eine Entschuldigung ausdenken, mit der ihr euch gegenseitig aus einem mies laufenden Date retten könnt.

66. ☐ Der morgendliche Andrang im Bahnhof kann ganz schrecklich sein. Zieht Cheerleader- oder Superheldenoutfits an und feuert Leute an, die zur Arbeit fahren.

67. █ Übernachtungsparty!

68. ☐ SCHREIBT EINANDER BRIEFE

Steckt einen hier ein

VON: _____   AN: _____   ___ / ___ / ___

UND ÖFFNET SIE IN ZEHN JAHREN

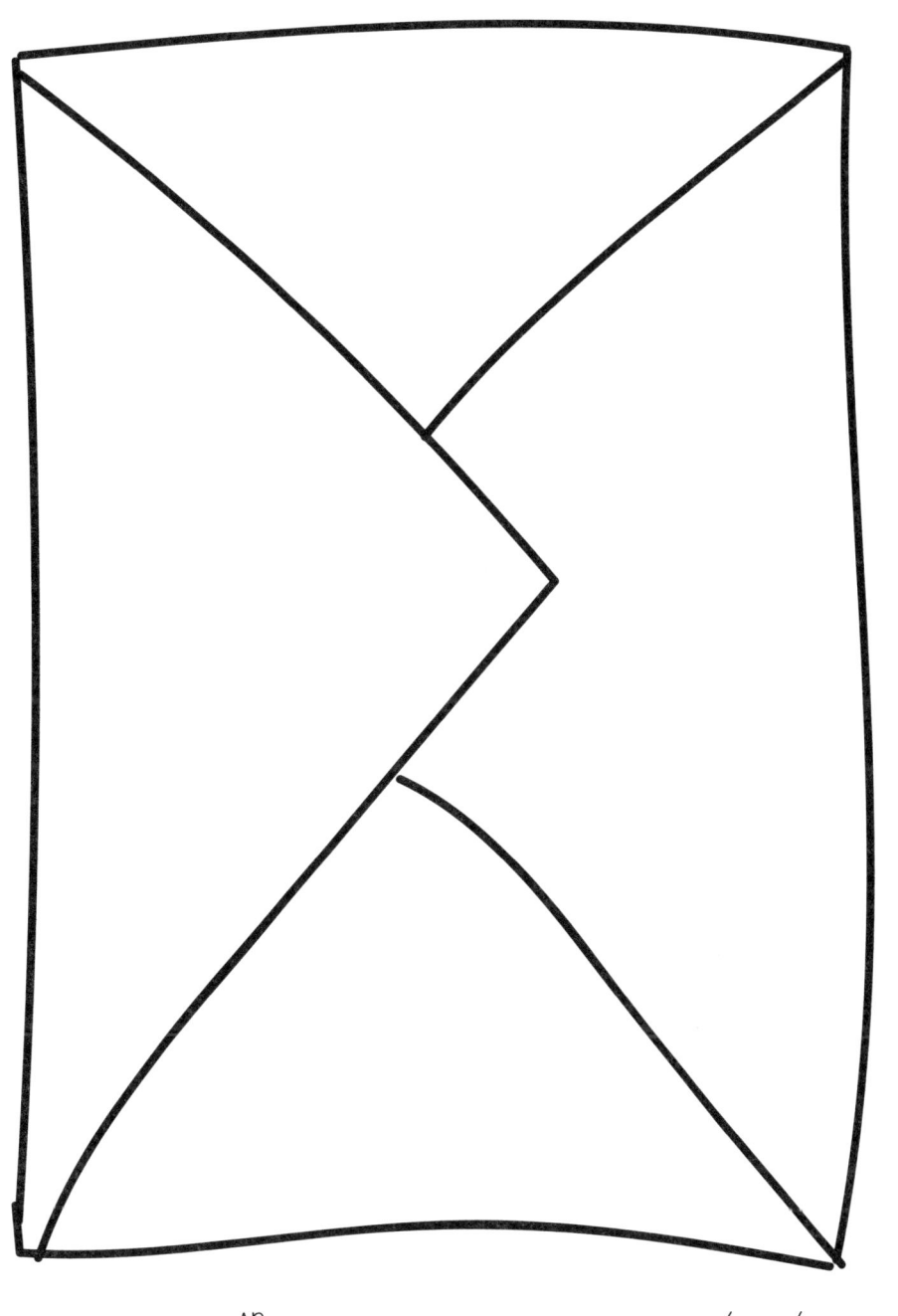

und den anderen hier

VON: _____ AN: _____   ___ / ___ / ___

69. ☐ Dem/der anderen in einer schweren Nacht
die Haare aus der Klosschüssel halten.

70. ☐ Startet zusammen einen neuen Modetrend
Konfetti in den Haaren? Oder zwei verschiedene Schuhe?
Was wird der neuste Trend?

_____

71. ☐ Wer gewinnt den Limbo?
How low can YOU go?

72. ☐ DIE NAMEN TAUSCHEN.

73. ☐ Beieinander ausweinen.

Love sucks. Aber dein /e Freund /in zum Glück nicht !

74. ☐ FÜREINANDER EIN LIED IM RADIO WÜNSCHEN.

75. ☐ Auf srprs.me Ferien mit unbekanntem Ziel buchen!

76. ☐ Eine Rutschbahn mit Luftschlangen bedecken.

77. ☐ Eine Laola-Welle starten bei einem (Sport)Event.

78. ☐ Ein Floß aus Plastikflaschen bauen.

Bindet sie ordentlich fest.

79. ☐ Matscht beim Essen so richtig herum.

Echt, so wirklich richtig rummatschen.

80. █#friendshiprules.

----

aber nicht übertreiben

Das sind die Regeln unserer Freundschaft.

always find time for

the things that

MAKE YOU FEEL HAPPY.

81. ☐ EIN LIED SINGEN IN DER BAHN / IM ZUG / IM BUS.
☐ UND DAFÜR SORGEN, DASS DIE ANDEREN MITREISENDEN MITSINGEN.

82. ☐ Auf die Kinder des anderen aufpassen.

83. ☐ Einen Rekord brechen

Es ist völlig egal, welchen !

84. ☐ EIN FOTO VOM ANDEREN IM GELDBEUTEL AUFBEWAHREN.

Denn warum sollten das nur Liebespärchen tun ?

85. ☐ Ein Camp / Baumhaus bauen und zusammen darin übernachten.

86. ☐ no BOYS/no GIRLS* WEEKEND
   * UNZUTREFFENDES STREICHEN

87. ☐ Regenbogentandem!
   Gebraucht eure Fantasie!

88. ☐ Einander die Zukunft vorhersagen.

Wie berühmt werdet ihr?

89. ☐ UNSER GEMEINSAMES HOBBY IST_____.

90. ☐ Eine Popcornperücke basteln.
☐ Und sie trotzig in der Öffentlichkeit tragen.

91.
☐ Keine Geheimnisse voreinander haben.

92. ☐Tennisspielen mit einer Tomate.
Ist das dann Squash?

93. ☐ In ein Restaurant gehen und so tun, als ob man Geburtstag hat.

Vergesst nicht, (Fake-)Geschenke mitzunehmen, um es glaubwürdiger zu machen.

94. ☐ Zusammen ein Auto waschen.
☐ Und euch dabei selbst gegenseitig auch schön einseifen.

95. ☐ Einander in die Augen schauen, ohne zu lachen.

96. ☐ Sich für den anderen eine schöne Bucket-List-Aufgabe ausdenken.

97. ☐ Zusammen ein Risiko eingehen.

Ohne euer Leben aufs Spiel zu setzen.

98.

□

SEIFENKISTENRENNEN!

99. ☐ Eine Nacht das Zuhause tauschen.

100. ☐ Für jeden ein Alter Ego ausdenken und zusammen ausgehen.

Wir sind _____ & _____

Versucht, in euren Rollen zu bleiben.

101. ☐ Zusammen in eurer Lieblingsserie mitspielen.
Hollywood, here we come!

Szene: _____

Datum: _____

102. ☐ SO SÄHEN WIR AUS, WENN WIR BRÜDER / SCHWESTERN WÄREN.

Klebt hier eine Collage aus euren Gesichtern ein.

103. ☐ Miteinander Vorsprechen üben.

104. ☐ HOCHZEITSKLEID/ANZUG ANPROBIEREN.

Just for fun.

105. ☐ EINANDER AUF DER SCHAUKEL ANSCHUBSEN. IMMER ABWECHSELND.

106. ☐ Hinter einem Eiswagen herrennen.

107. ☐ Das gleiche Buch lesen.

108. Dem anderen einen Traum erfüllen.

☐ _____ sein / ihr Traum ist _____

_____

☐ Und _____ träumt schon lange davon _____

_____

109.

INDOORPICKNICK!

Mit allem Pipapo

110. ☐ Ein gemeinsames Lied auswählen.

- -

111. ☐ Einander die Zehnägel lackieren / den Bart rasieren.

112. ☐ Partycrashen.

Frechdachse!

113. ☐ EINE KOKOSNUSS RASIEREN.

114. ☐ Eine Nacht in Polizeigewahrsam verbringen.

STAY

WILD

115. ☐ Eine Woche lang die Termine des anderen übernehmen

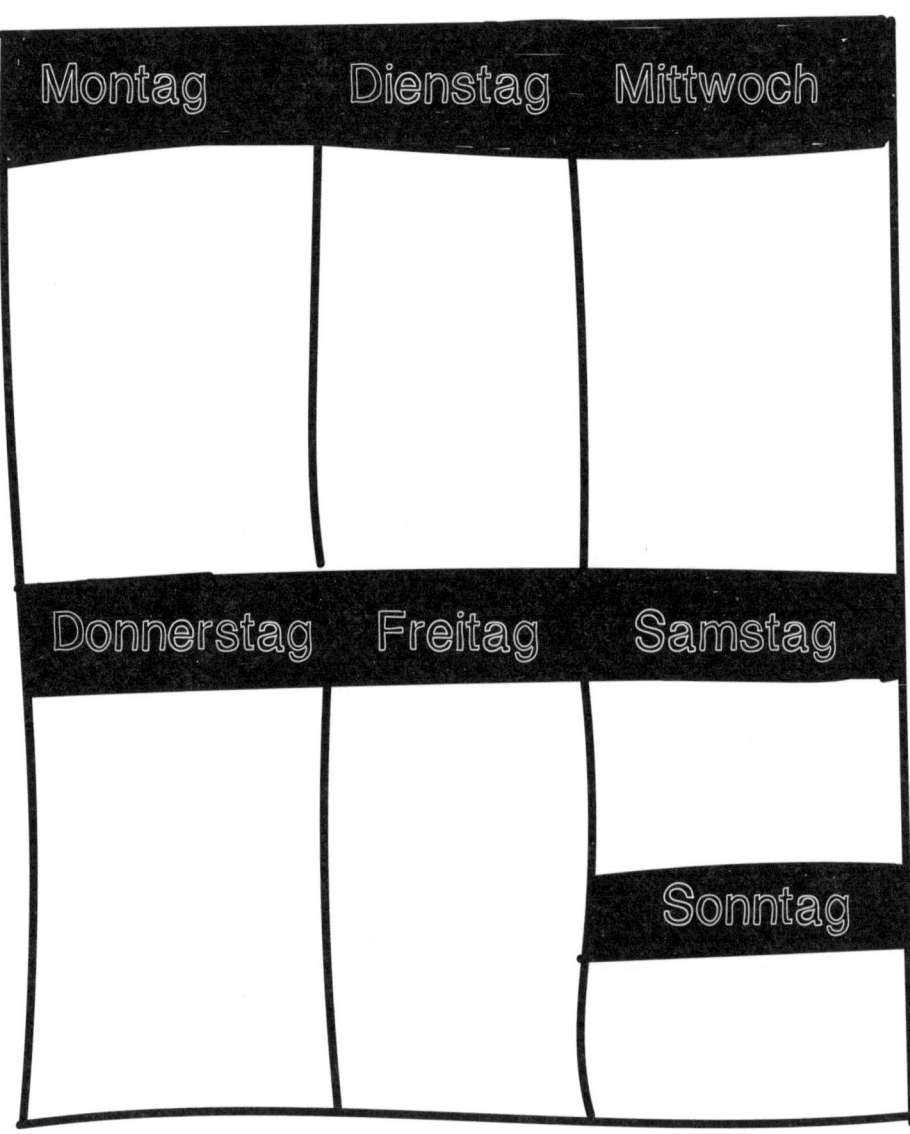

Montag	Dienstag	Mittwoch
Donnerstag	Freitag	Samstag
		Sonntag

Tragt in diesen Wochenplaner ein, wer was tun muss!

116. ☐ GEHT IN EIN TIERHEIM UND ORGANISIERT EIN FOTOSHOOTING FÜR EINEN HUND / EINE KATZE / EINEN GOLDFISCH / EIN TIER, DAS AUF DER SUCHE NACH EINEM NEUEN ZUHAUSE IST. MACHT EIN PLAKAT UND TEILT ES IN DEN SOZIALEN MEDIEN ODER HÄNGT KOPIEN ZWISCHEN DIE SUCHE-BIETE-ZETTEL IM SUPERMARKT. GEBT NICHT AUF, BIS DAS TIER EIN NEUES ZUHAUSE GEFUNDEN HAT.

117. ☐ Unseren Kindertraum wahrmachen!
Was wolltet ihr früher werden? Werdet es für einen Tag!

_____

_____

118. ☐ Ein gruseliges Blinddate für den anderen arrangieren.

119. ☐ Kneipentour!

120. So würden wir aussehen,
wenn wir unser Geschlecht wechseln würden!

121. ☐ EINE KISSENSCHLACHT MACHEN.
☐ ODER EINE BLUMENSCHLACHT.
☐ ODER EINE GLITTERSCHLACHT.

122. ☐ Die Hobbys des anderen ausprobieren.

123. ☐ Eine superteure Flasche Wein leeren.

124. ☐ Die Telefonnummer des anderen auswendig lernen.

125. ☐ Barfuß tanzen
☐ im Schnee

126. ☐ ZUSAMMEN EIN START-UP GRÜNDEN

Schokolade ohne Kalorien verkaufen oder selbstauffüllende
Flaschen Wein? Oh mein Gott, ihr werdet reich!

127. ☐ Für den anderen einstehen,
wenn jemand etwas Negatives sagt.

128. ☐ Mit einem Auftrag aus diesem Buch ins (Lokal-)Fernsehen kommen
☐ oder ins Radio, ☐ in die Zeitung
☐ oder in eine Zeitschrift

129. ☐ Gemeinsam einen Gemüsegarten anlegen.
Und aus der Ernte was Leckeres kochen.

130. ☐ Bei einem Glas Wein alle Fragen stellen, die man eigentlich nicht stellen dürfte.

131.☐ Tanzparty für zwei:
STELLT IM TV EINEN MUSIKKANAL EIN UND TANZT DIE VIDEOCLIPS NACH.

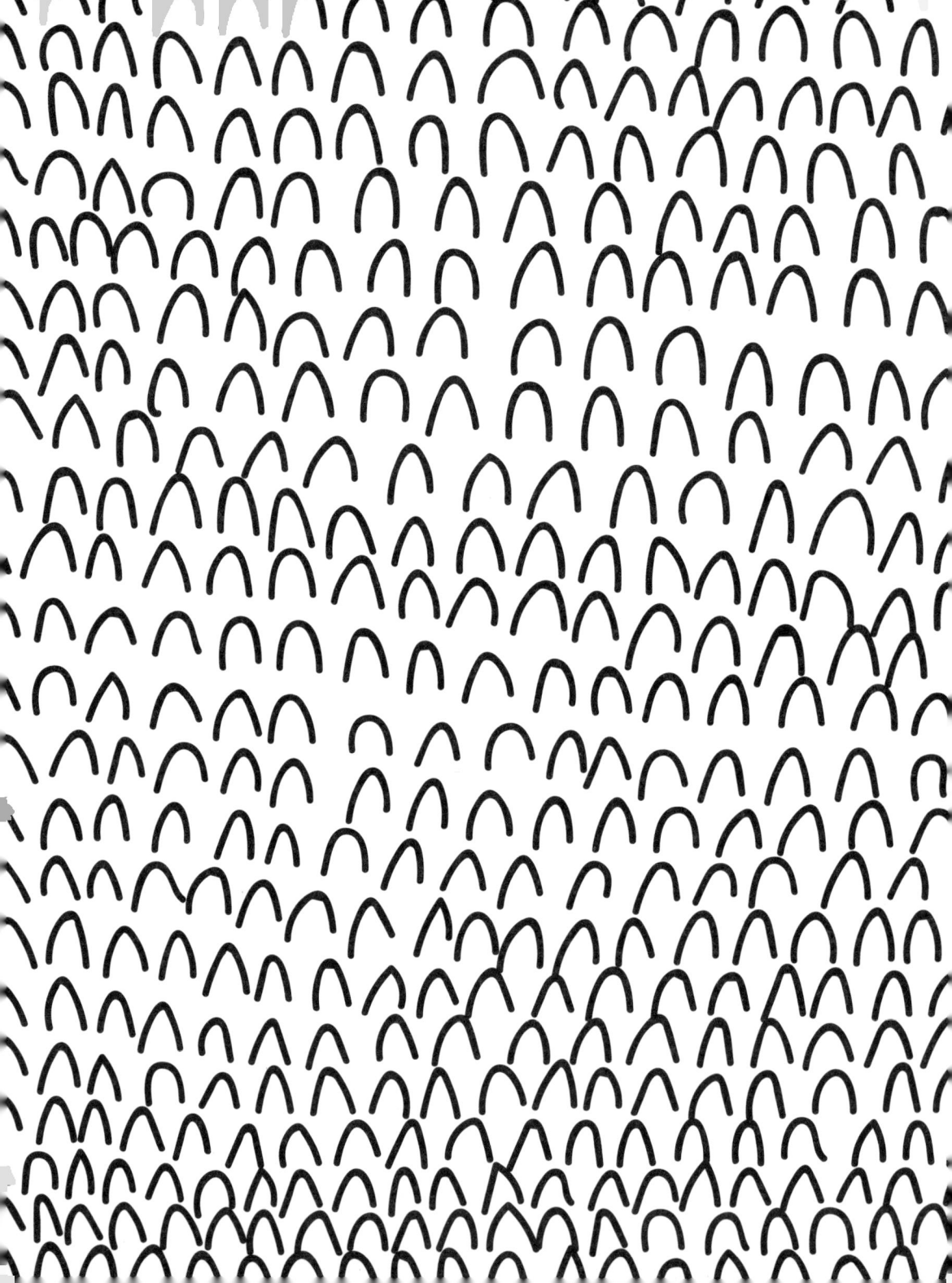

Don't forget TO PLAY.

132.

Überrascht euch!

133. ☐ ZUSAMMEN EINEN TOPF NUSS-NOUGAT-CREME, EINEN TOPF ERDNUSSBUTTER ODER EINEN TOPF EIS AUFESSEN.

134. ☐ EIN FOTOALBUM UNSERER FREUNDSCHAFT ANLEGEN UND ZU JEDEM FOTO EINE PASSENDE BILDUNTERSCHRIFT AUSDENKEN.

TIPP: NEHMT ES VOR ALLEM NICHT ZU ERNST!

135. ☐ Zusammen eure Rollatoren schmücken, wenn ihr alt und grau seid.

136. ☐ Kanufahren

137. Etwas voneinander lernen.

☐ Er / sie hat mir beigebracht _ _ _ _ _ _ _ _ _ _ _ _ _ _ _ _ _ _

Ich bin echt gut darin / ich muss noch viel lernen.

☐ Er / sie hat mir beigebracht _ _ _ _ _ _ _ _ _ _ _ _ _ _ _ _ _ _

Ich bin echt gut darin / ich muss noch viel lernen.

138. ☐ Auf dem Flohmarkt etwas verkaufen.

☐ Und mit dem Gewinn etwas Schönes zusammen unternehmen.

139. ☐ Zusammen eine Stadt besuchen,
in der wir beide noch nie waren.

~~yesterday~~

NOW

~~tomorrow~~

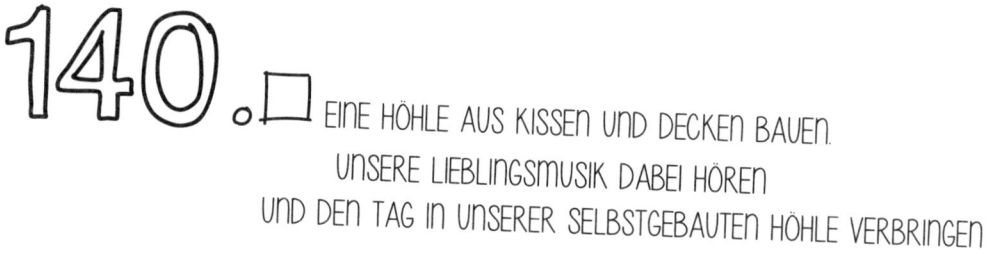

140. ☐ EINE HÖHLE AUS KISSEN UND DECKEN BAUEN.
UNSERE LIEBLINGSMUSIK DABEI HÖREN
UND DEN TAG IN UNSERER SELBSTGEBAUTEN HÖHLE VERBRINGEN

141.
☐
Im Poolbillard gegeneinander antreten.

142. ☐ Tretboot fahren.

143. ☐ An einem
windigen Tag
unser inneres Kind
rauslassen und im
Park Drachen steigen
lassen.

144. ☐ Patentante / Patenonkel unserer Kinder werden.

145. ☐ DISCOBOWLING

146. DEM ANDEREN EINEN STREICH SPIELEN

☐ _____

☐ _____

147. ☐ Sich gegenseitig durch die Schwangerschaft helfen. Ja, ihm auch!

148. ☐ Als Duo bei einer Quiz-Sendung im Fernsehen mitmachen und sich nicht blamieren.

149. ☐ Einander ein Make-over verpassen.

150. ☐ Filmmarathon

151. ☐ Aus Gänseblümchen einen Haarschmuck machen.
☐ Oder eine Kartoffelkanone, falls Gänseblümchen
nicht cool genug sind.

152. ☐ Couchsurfen

153. ☐ COUCHSURFEN,
ABER MIT EINEM ECHTEN SESSEL IM MEER.

154. ☐ EINE WETTE GEWINNEN.
    ☐ EINE WETTE VERLIEREN.

155. ☐ Einen Selbstverteidigungskurs besuchen.

156. ☐ ALS LETZTE DEN PARTYCLUB VERLASSEN.

157. ☐ Zusammen für jemand anderen etwas Nettes tun.
Ihr kennt bestimmt jemanden, der etwas Hilfe gebrauchen könnte.

158.

☐

Dem / der anderen den Wingman machen.

159. ☐ DIE FAMILIE DES ANDEREN KENNENLERNEN.

Auch die verrückte Tante!

160. ☐ EIN ZUSÄTZLICHES EXEMPLAR DIESES BUCHES KAUFEN.

Sodass ihr beide all eure Abenteuer abhaken könnt.

161. ☐ Einen Tag in der Schule / im Betrieb blaumachen,
denn wir haben eine sehr gefährliche Krankheit. Hüstel, hüstel.

162. ☐ Ein protziges Auto mieten (oder einen VW-Bus)
und einen Roadtrip ins Blaue unternehmen.
Kopf = rechts, Zahl = links

163. ☐ Zusammen einen Rap schreiben.

Wer ist Eminem und wer ist Kontra K?

164. ☐ EINEN LUXURIÖSEN SPA-TAG EINLEGEN
☐ ODER ZUSAMMEN ZUM BARBIER GEHEN.

165. ☐ Ohne Messer und Gabel essen!

Aber erst die Hände waschen!

166. ☐ In unserem unsichtbaren Auto durch den Drive-in fahren.

167. ☐ ZUSAMMEN JEMANDEM EINEN STREICH SPIELEN.

168. ☐ DIE WELT VERBESSERN!

TUT DIE EINE SACHE, VON DER IHR DENKT, DASS DIE WELT EIN BISSCHEN BESSER WIRD, WENN JEDER SIE TÄTE.

169. ☐ Lass uns etwas tun, was wir noch nie zusammen gemacht haben.

WIEIEIE UUUU

WIE UUU

WIE UUU

WIEIEIE UUUUU

wie

UUUU

wie uuuuu

Wieieieie UUU

170. ☐ In einem Polizeiauto mitfahren! Mit Sirene!

Wie UUUU

wie uuuuuu

WIE UUU

Wieieie uuuuu

LIFE IS TOO SHORT TO READ THIS! GO HAVE SOME FUN.

171. ☐ EIN ANDERES FREUNDE-DUO HERAUSFORDERN UND INNERHALB EINES MONATS MÖGLICHST VIELE PUNKTE DIESES BUCHES ABHAKEN. *Ihr seid natürlich die besten.*

172. ☐ EIN LAGERFEUER IN DEN DÜNEN MACHEN.

Aber nicht wörtlich füreinander durchs Feuer gehen.

173. ☐ Fotobeweismaterial einer Reise / eines Abenteuers fälschen, das nie stattgefunden hat. #fakation

174. ☐ Einem Oldie bei der Verwirklichung seiner / ihrer Bucket List helfen.

175. ☐ WICHTIGE FEIERTAGE ZUSAMMEN FEIERN.

Als Freunde ist es möglich, zusammen Weihnachten, Neujahr, Valentinstag,

Karneval, Ostern zu feiern. Sucht deshalb ein Datum aus, um all diese

Festtage / Feiertage an einem Tag zu feiern. Denkt daran: Truthahn mit

Schokoladenostereiern zu essen. Natürlich seid ihr toll verkleidet. Und

vergesst den Countdown fürs Neue Jahr nicht.

176. ☐ Gegenüber dem anderen seine
Schuldgefühle eingestehen.

177. ☐ Den anderen im Einkaufswagen schieben.

178. ☐ 24 Stunden zusammen-gebunden sein.

179. ☐ ZUSAMMEN EINEN BLOG ODER EIN TAGEBUCH ANLEGEN ÜBER EURE BUCKET-LIST-ABENTEUER.

180. ☐ Wahrheit oder Pflicht spielen.

Natürlich mit schwierigen Aufgaben !

181. ☐ Paintball.

Tipp: Füllt Wasserpistolen mit verdünnter Farbe.

182. ☐ Cocktails shaken!

Und trinken.

183. ☐ ZUSAMMEN EINEN RANDOM ACT OF KINDNESS DURCHFÜHREN.
EIN RANDOM ACT OF KINDNESS IST EINE SELBSTLOSE TAT FÜR EINEN ANDEREN UND OHNE GEGENLEISTUNG.

184. ☐ Ausführlich Brunchen.

185. ☐ Das Abenteuer suchen. Einen Monat Backpacken
in Thailand oder bei einem Milchbauern
im Heuschober schlafen?

Das war unser Abenteuer: _____

186. ☐ **Anhalter! Lasst euch an einem unbekannten Ort absetzen**

und probiert, nach Hause zurück zu trampen.

187. ☐ Bei einem Konzert vorne in der ersten Reihe stehen.

----

188. ☐ An Halloween „trick or treat" spielen.

Süssigkeiten oder Leben !

189. ☐ Einen Kundendienst anrufen und für den Nachbarn einen neuen Waschmaschinenschlauch bestellen.

190. ☐ ZUSAMMEN VON EINER KLIPPE SPRINGEN.
WENN DU SPRINGST, SPRINGE ICH AUCH.

191. ☐ ZUSAMMEN SCHLITTENFAHREN.

192. ☐ Verstecken spielen in einem Maisfeld.

YOU DON'T FIND THE HAPPY LIFE, YOU CREATE IT.

193. ☐ **Den Jahreswechsel im Ausland feiern.**

Zehn, neun, acht, sieben, sechs, fünf, vier, drei, zwei, eins! Frohes Neues Jahr!

194. ☐ **EIN EIGENES OUTDOOR-KINO EINRICHTEN.**

Vergesst das Popcorn nicht!

195. ☐ **Eine lange Fahrradtour machen.**
Nehmt was Leckeres mit für unterwegs!

196. ☐ Ein peinliches Erlebnis miteinander teilen.

Nicht weitererzählen!

197. ☐ Schneeballschlacht!

198. ☐ WENN DIE WELT MORGEN UNTERGINGE: WAS WOLLT IHR DANN WIRKLICH NOCH GETAN HABEN?

MACHT ES!

199. ☐ EINE HÄNGEMATTE AUFHÄNGEN
☐ IN EINEM PARK.

200. ☐ Überraschend mit einer Pizza und einem Film vor der Tür des/der anderen stehen.

201. ☐ Einen Gag ausdenken und ihn vor den anderen Freunden vortragen.

202. ☐ Im Schwimmbad gegenseitig die Köpfe unter Wasser drücken.

Blub

203. ☐ Durch Pfützen laufen

☐ und so hoch wie möglich spritzen.

204. ☐ MITEINANDER UM ETWAS WETTEN.

und zwar um _____ .

Freundschafts

205. ☐ Sich eine Lie~~bes~~erklärung machen.

206. ☐ Pilze sammeln

☐ im Wald.

207. ☐ Auf einem Tandem durch die Waschanlage fahren.

208. ☐ Einen Papierflugwettbewerb organisieren.

209.

209. ☐ Den anderen huckepack nehmen.

210. ☐ KOLLEGEN SEIN. WENN AUCH NUR IM STUDENTENJOB.

211. ☐ ☐ Sich zusammen langweilen!

212. ☐ Gemeinsam kichern. Aber ganz heimlich.

213. ☐ Einander nachts wachklingeln.

214. ☐ SCHWIMMEN
☐ IN EINEM BÄLLEBAD.

215. ☐ Klingelmännchen spielen.

216. ☐ Zusammen mit Kreide ein Kunstwerk auf den Bürgersteig malen.

217.

☐

Stundenlang miteinander telefonieren.

218 ☐ ZUSAMMEN IN DIE BIBLIOTHEK GEHEN UND EIN
BUCH FÜR DEN ANDEREN / DIE ANDERE AUSSUCHEN.

219. ☐

DER GRÖSSTE FAN DES ANDEREN SEIN
UND EIN T-SHIRT MIT SEINEM FOTO TRAGEN.

220. ☐ Ein gemeinsames Lebensmotto haben:

----

221. ☐ Sackhüpfen

Beide in einem Sack

☐

Einen Schneemann bauen

☐ **im Sommer.**

223. ☐ **Pictionary spielen**

Oder Pantomime!

224. ☐ Zusammen ein Festival unsicher machen.

225. ☐ SCHNECKENRENNEN!

226. ☐ Auf Kneipentour gehen, aber keinen Alkohol trinken!

Wir brauchen keinen Alkohol, um fröhlich zu sein.

227. ☐ SÄMTLICHE BUNDESLÄNDER BESUCHEN.

228.☐ EINEN ESEL WASCHEN.

iaaaaaaaa

229. ☐ Durch den Rasensprenger laufen.

230. ☐ Einander zu etwas herausfordern

Der Gewinner gewinnt das: _____

231. ☐ Barfuss durch den Matsch laufen

☐ und einen Schlammtanz ausdenken.

232. ☐ Zueinander stehen

☐ in guten wie in schlechten Zeiten.

233. ☐ FÜR DEN ANDEREN / DIE ANDERE EINE PLAYLIST ERSTELLEN.

234. ☐ Ein Unterwassertennismatch spielen.

235. ☐ EINE FERNREISE MACHEN.

☐ ODER ZU HAUSE BLEIBEN UND VON DER FERNREISE TRÄUMEN.

236. ☐ Zusammen Müll einsammeln auf der Straße oder im Wald.

237. ☐ Jugenderinnerungen teilen.

238. ☐ An einem einsamen Strand eine Sandburg bauen.

239. ☐ Einander veräppeln.

240. ☐ Zusammen Schnee-Engel machen.

241. ☐ LACHEN, BIS WIR BAUCHWEH KRIEGEN.

242. ☐ WETTESSEN.

243. ☐ EIN WELTWUNDER SEHEN.
☐ UND NOCH EINS.

244. ☐ Rollatorrace!

Wenn ihr später alt und grau seid.

245. ☐ EINANDER AUS DER KLEMME HELFEN.

246. ☐ EINANDER IN DER NASE BOHREN.

247. ☐ DEM ANDEREN / DER ANDEREN ZULIEBE ETWAS TUN,
WAS MAN ÜBERHAUPT NICHT MAG.
Weil er / sie es so gerne möchte.

248. ☐ TEAPARTY!

Oder eine Champagnerparty, wenn ihr Altschnudeln seid.

249. ☐ Einander in einen Baum hängen.

Ihr findet schon eine Möglichkeit.

250.

☐

Alle Punkte dieses Buches abhaken.

5 TIPPS FÜR EURE EIGENE BUCKET LIST

Schreibt eure gemeinsame Bucket List auf. Durch das Aufschreiben eurer Träume werdet ihr sie eher verwirklichen. Die Liste ist ein Versprechen, das ihr euch gebt. In diesem Buch findet ihr 250 Vorschläge, aber ihr habt sicherlich noch andere Träume. All eure persönlichen Wünsche und Ziele könnt ihr auf den folgenden Seiten loswerden.

Sorgt für Abwechslung. Achtet darauf, dass eure Liste ausgewogen ist, was große und kleine Herausforderungen angeht. Die einfachen Dinge sollen dafür sorgen, dass ihr motiviert bleibt, um auch die schwierigeren Punkte zu verwirklichen. Sorgt für ausreichend Abwechslung zwischen diesen sechs Kategorien: Erfahrung, Reisen/Kultur, Körper/Gesundheit, Wissen/Fertigkeiten, Liebe/Freundschaft/Familie und sonstiges.

Bleibt motiviert! Ihr könnt hunderte Listen machen, aber wenn ihr sie nicht abarbeitet, dann sind sie sinnlos. Versteht ihr? Versucht, eure Bucket List monatlich durchzusehen und regelmäßig Punkte abzuhaken.

Teilt eure Erfahrungen und inspiriert andere! Durch das Teilen eurer Bucket List mit Freunden und Familie (oder warum nicht mit dem Rest der Welt?) könnt ihr sie motivieren, selbst aktiv zu werden. Und es soll euch dabei helfen, so viele Punkte wie möglich abzuhaken. Ihr wollt doch nicht, dass jemand denkt, ihr gebt auf, oder?

Geniesst es! Zweifellos der wichtigste Tipp, den ihr bekommen könnt. Habt Spaß!

#abucketlistlife

Ebenfalls erschienen

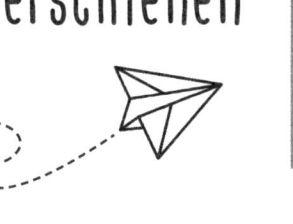

ISBN: 978-3-95843-934-4

ISBN: 978-3-95843-988-7

ISBN: 978-3-95843-007-7

ISBN: 978-3-95843-570-4

ISBN: 978-3-95843-712-8

ISBN: 978-3-95843-893-4

ISBN: 978-3-95843-878-1

ISBN: 978-3-96664-127-2

ISBN: 978-3-96664-361-0

ISBN: 978-3-9666-032-9

ISBN: 978-3-95843-968-9

ISBN: 978-3-96664-203-3

ISBN: 978-3-96664-353-5

ISBN: 978-3-95843-570-4

ISBN: 978-3-96664-194-4

ist ein Imprint der

HEEL Verlag GmbH
Gut Pottscheidt
53639 Königswinter
Tel: 02223 9230-0
Fax: 02223 9230-13
info@heel-verlag.de
www.heel-verlag.de

Deutsche Ausgabe:
© 2018 HEEL Verlag GmbH
5. Auflage 2025
Plaza ist ein Imprint der HEEL Verlag GmbH

Originalausgabe:
© Uitgeverij Lannoo NV, Tielt 2016

Originaltitel: *Het Bucket List boek voor vrienden 250 dingen die jullie samen gedaan moeten hebben*
Original-ISBN 978-94-014-4078-3

Text und Gestaltung: Elise De Rijck
www.elisederijck.com

Deutsche Ausgabe:
Satz: Axel Mertens, HEEL Verlag GmbH
Übersetzung und Projektleitung: Christine Birnbaum und Ulrike Reihn-Hamburger

Printed in Czech Republic

ISBN 978-3-95843-792-0